CONJUGATEUR.

AVIS IMPORTANT.

Jusqu'alors, on n'a point encore donné un modèle de toutes les classes de verbes conjugués interrogativement ; et si on ne l'a point fait, c'est avec tort. Car il en est quelques uns dont la conjugaison embarrasse fortement les enfants, même les grandes personnes qui conjuguent assez bien. *Ces derniers sont* surtout les verbes passifs et les verbes pronominaux.

Comme ce modèle de conjugaison interrogative n'existe pas dans les grammaires, nous avons jugé convenable de le donner ici. Et, en le faisant, nous pensons avoir bien agi ; nous croyons nous être rendus utiles à l'enfance.

Cet ouvrage se trouve aussi chez l'auteur, rue du Four-Saint-Germain, 40.

NOTA. On ne reçoit point les lettres non affranchies.

Montmartre. — Imp. Pilloy frères.

CONJUGATEUR

OU

ART D'ENSEIGNER

la Conjugaison et l'Orthographe des Verbes;

PAR **BONHOURE**, INSTITUTEUR.

C'est par la classification et la rime que l'on enseigne le mieux et le plus vite la conjugaison et l'orthographe des verbes.

PARIS,

HACHETTE, libraire, rue Pierre-Sarrazin, 12.
MAIRE-NYON, libraire, quai Conti, 13.
Louis COLAS, libraire, rue Dauphine, 32.
DESOBRY et **MAGDELEINE**, libraires, rue des Maçons-Sorbonne, 1.
POILLEUX, libraire, rue Hautefeuille, 16.
FOURAUT, libraire, ancienne maison Têtu, rue SaintAndré-des-Arts, 59.
DUCROCQ, libraire, rue Hautefeuille, 10.
Isidore PESRON, libraire, rue des Mathurins-Saint-Jacques, 18.
DUMAINE, librairie militaire, rue et passage Dauphine, 36.
HIVERT, libraire, quai des Grands-Augustins, 33.

—

1849.

Ouvrages de l'auteur.

ALPHABET, ou art d'enseigner la lecture et l'orthographe élémentaires.

PETIT ALPHABET, ou méthode de lecture pour les enfants de trois à cinq ans.

L'HOMME SOCIAL, ou discours sur l'association et sur la solidarité.

DERNIER ÉTAT SOCIAL, ou discours sur les destinées sociales du monde.

L'OUVRIER PENSANT, ou discours sur l'existence et sur les mœurs des travailleurs.

ÉCOLE DES ENFANTS, ou livre de lecture courante élémentaire faisant suite à l'alphabet.

PÉDAGOGIE, ou discours sur l'art d'enseigner la lecture et l'orthographe élémentaires.

PRÉFACE.

Il y a naturellement deux sortes d'orthographes : celle des substantifs et celle des verbes. Or, comme il y en a deux, il importe qu'on les enseigne séparément, que l'on commence d'abord par la première, qui est la plus commode, que l'on termine par la seconde, qui est la plus difficile.

La première, comme étant la plus facile, doit être enseignée dans l'alphabet, et la seconde, dans un ouvrage spécial, tout-à-fait élémentaire, qui ne renferme que des verbes, et tous les plus commodes à conjuguer et à orthographier.

Pour que cet ouvrage soit ainsi, il convient, on le sent, qu'il fasse suite à l'alphabet qu'il complète, puis, qu'il précède la grammaire dont il est l'entrée.

Un tel livre a pu être conçu, mais il n'a pas encore été produit. Si donc il ne l'a pas encore été, nous sommes les premiers qui l'avons fait, qui l'avons mis à jour.

Lorsque les enfants savent une fois conjuguer et écrire le verbe avoir et le verbe être, il semble qu'ils devraient aussi savoir conjuguer et écrire tous les autres verbes. Mais cela n'est pourtant pas; et si ce n'est pas, c'est parce qu'ils manquent de conception et de pratique; c'est parce qu'ils ne savent et ne comprennent bien les choses que lorsqu'ils les voient et les font souvent.

Or, comme ce n'est qu'ainsi qu'ils les savent

et les comprennent, nous avons cru que, pour les conduire à bien conjuguer et écrire les verbes, il faut qu'on leur en donne un modèle de toutes les classes, puis qu'on les leur présente sous toutes les formes, sous tous les aspects possibles : tantôt en colonnes, tantôt en temps ordinaires, tantôt en phrases, tantôt rimés, tantôt interrogativement, et tantôt non interrogativement. Et c'est ce que nous avons toujours fait ici avec soin.

Sitôt que les élèves conjuguent et orthographient bien tous ces verbes que nous leur avons donnés pour modèles, ils peuvent facilement aborder la grammaire qu'ils ne doivent point encore avoir vue, parce qu'ils en connaissent la partie la plus longue, la plus utile et la plus difficile à saisir.

Quoique nous étant appliqué à présenter toutes espèces de verbes pour modèles, nous n'en avons néanmoins pas offert d'irréguliers et de défectueux ; et si nous ne l'avons point fait, c'est parce que nous savons que les jeunes élèves ne peuvent pas les concevoir, même beaucoup de grandes personnes, des personnes lettrées.

Nota. N'ayant point jugé convenable de donner, dans cet ouvrage, toutes les explications nécessaires aux élèves, nous prévenons les instituteurs qu'ils doivent y suppléer.

CONJUGATEUR.

PREMIÈRE PARTIE.

CHAPITRE PREMIER.

De la conjugaison et de l'orthographe des verbes.

Pour bien enseigner la conjugaison et l'orthographe des verbes, il faut que l'on commence d'abord par faire écrire ces derniers au présent de l'infinitif, et en colonnes, puis, que l'on mette en regard de ces colonnes les six personnes qui en dérivent, ou qui forment un temps de verbe, comme dans l'exemple ci-dessous.

Colonnes de verbes des quatre conjugaisons.

INFINITIF	INDICATIF		
présent.	*présent.*		
	1re personne du singulier.	2e personne du singulier.	3e personne du singulier.
paver	je pave	tu paves	il pave
finir	je finis	tu finis	il finit
savoir	je sais	tu sais	il sait
faire	je fais	tu fais	il fait
chanter	je chante	tu chantes	il chante
polir	je polis	tu polis	il polit
recevoir	je reçois	tu reçois	il reçoit
rendre	je rends	tu rends	il rend

Après avoir disposé ainsi ces verbes sur le tableau noir, faites remarquer aux élèves que les colonnes du présent de l'indicatif sont formées par celle du présent de l'infinitif. Faites-leur en remarquer encore l'orthographe ou la terminaison au moyen de la rime. Servez-vous, à cet effet, de la page suivante.

COLONNES DE VERBES.

INDICATIF.
présent.

Personnes du nombre singulier (1).

1re personne.	2e personne.	3e personne.
1 je pave	2 tu paves	3 il pave
je finis	tu finis	il finit
je sais	tu sais	il sait
je fais	tu fais	il fait
je chante	tu chantes	il chante
je polis	tu polis	il polit
je reçois	tu reçois	il reçoit

Personnes du nombre pluriel.

1re personne.	2e personne.	3e personne.
4 nous pavons	5 vous pavez	6 ils payent
nous finissons	vous finissez	ils finissent
nous faisons	vous faites	ils font
nous chantons	vous chantez	ils chantent
nous polissons	vous polissez	ils polissent
nous recevons	vous recevez	ils reçoivent
nous vendons	vous vendez	ils vendent

TEMPS DE VERBES.

INDICATIF.
présent.

1re personne du singulier.	1 je pave
2e.	2 tu paves
3e.	3 il pave
1re personne du pluriel.	4 nous pavons
2e.	5 vous pavez
3e.	6 ils payent

(1) Afin qu'il y ait de la rime, faites écrire et lire ces six colonnes de verbes de haut en bas.

VERBE AVOIR.

INDICATIF.

PRÉSENT.

j'ai
tu as
il a
nous avons
vous avez
ils ont

IMPARFAIT.

j'avais
tu avais
il avait
nous avions
vous aviez
ils avaient

PASSÉ DÉFINI.

j'eus
tu eus
il eut
nous eûmes
vous eûtes
ils eurent

PASSÉ INDÉFINI.

j'ai eu
tu as eu
il a eu
nous avons eu
vous avez eu
ils ont eu

PASSÉ ANTÉRIEUR.

j'eus eu
tu eus eu
il eut eu
nous eûmes eu
vous eûtes eu
ils eurent eu

PLUS-QUE-PARFAIT.

j'avais eu
tu avais eu
il avait eu
nous avions eu
vous aviez eu
ils avaient eu

FUTUR.

j'aurai
tu auras
il aura
nous aurons
vous aurez
ils auront

PASSÉ.

j'aurai eu
tu auras eu
il aura eu
nous aurons eu
vous aurez eu
ils auront eu

CONDITIONNEL,
PRÉSENT.

j'aurais
tu aurais
il aurait
nous aurions
vous auriez
ils auraient

PASSÉ.

j'aurais eu
tu aurais eu
il aurait eu
nous aurions eu
vous auriez eu
ils auraient eu

On dit aussi :

j'eusse eu
tu eusses eu
il eût eu
nons eussions eu
vous eussiez eu
ils eussent eu

IMPÉRATIF.

aie
ayons
ayez

SUBJONCTIF.
PRÉSENT.

que j'aie
que tu aies
qu'il ait
que nous ayons
que vous ayez
qu'ils aient

IMPARFAIT.

que j'eusse
que tu eusses
qu'il eût
que nous eussions
que vous eussiez
qu'ils eussent

PASSÉ.

que j'aie eu
que tu aies eu
qu'il ait eu
que nous ayons eu
que vous ayez eu
qu'ils aient eu

PLUS-QUE-PARFAIT.

que j'eusse eu
que tu eusses eu
qu'il eût eu
que nous eussions eu
que vous eussiez eu
qu'ils eussent eu

INFINITIF.
PRÉSENT.

avoir

PASSÉ.

avoir eu

PARTICIPE.
PRÉSENT.

ayant

PASSÉ.

eu, ayant eu

VERBE ÊTRE.

INDICATIF.

PRÉSENT.

je suis
tu es
il est
nous sommes
vous êtes
ils sont

IMPARFAIT.

j'étais
tu étais
il était
nous étions
vous étiez
ils étaient

PASSÉ DÉFINI.

je fus
tu fus
il fut
nous fûmes
vous fûtes
ils furent

PASSÉ INDÉFINI.

j'ai été
tu as été
il a été
nous avons été
vous avez été
ils ont été

PASSÉ ANTÉRIEUR.

j'eus été
tu eus été
il eut été
nous eûmes été
vous eûtes été
ils eurent été

PLUS-QUE-PARFAIT.

j'avais été
tu avais été
il avait été
nous avions été
vous aviez été
ils avaient été

FUTUR.

je serai
tu seras
il sera
nous serons
vous serez
ils seront

PASSÉ.

j'aurai été
tu auras été
il aura été
nous aurons été
vous aurez été
ils auront été

CONDITIONNEL.
PRÉSENT.

je serais
tu serais
il serait
nous serions
vous seriez
ils seraient

PASSÉ.

j'aurais été
tu aurais été
il aurait été
nous aurions été
vous auriez été
ils auraient été

On dit aussi :

j'eusse été
tu eusses été
il eût été
nous eussions été
vous eussiez été
ils eussent été

IMPÉRATIF.

sois
soyons
soyez

SUBJONCTIF.
PRÉSENT.

que je sois
que tu sois
qu'il soit
que nous soyons
que vous soyez
qu'ils soient

IMPARFAIT.

que je fusse
que tu fusses
qu'il fût
que nous fussions
que vous fussiez
qu'ils fussent

PASSÉ.

que j'aie été
que tu aies été
qu'il ait été
que nous ayons été
que vous ayez été
qu'ils aient été.

PLUS-QUE-PARFAIT.

que j'eusse été
que tu eusses été
qu'il eût été
que nous eussions été
que vous eussiez été
qu'ils eussent été

INFINITIF.
PRÉSENT.

être

PASSÉ.

avoir été

PARTICIPE.
PRÉSENT.

étant

PASSÉ.

été, ayant été

Orthographe du verbe avoir et du verbe être.

1er EXEMPLE.

Oui, vous aurez de bonnes poires. Pierre, tu es un fort brave homme. Elles ont été livrées le même jour. J'ai eu beaucoup de mal chez lui. C'est pour qu'il ait un ami. Sans doute, vous eussiez été juste. Marie avait eu mon estime. Jules, aies soin de ton frère. Vous eûtes le plaisir d'être en société.

Soyez les bien venus; ayez de la foi en nous. Si vous êtes trahis, elle en est l'auteur. Ils ont tous du pain. Elles étaient pleines de courage. Tu as eu toute sa fortune. C'était afin qu'elles fussent assises. Que nous ayons eu peur ou non, cela lui est fort égal.

2e EXEMPLE.

Prince, ce sera pour que vous soyez juste. J'aurai encore des cerises. Assurément, ils eussent été les plus sages. Nous fûmes contentes de l'avoir. Ma fille, ayons pitié d'eux!... Moi, je suis toujours fidèle. Elles sont sûres qu'ils auront eu soif.

Julie, vous avez été trompée. Sois honnête et laborieux. Il serait seul dans la forêt. C'est afin qu'ils aient du travail. Cristophe a eu des pommes. Oui, mes amis, soyez bons et doux. C'était pour qu'elles eussent été heureuses. Nous, nous avons du vin; toi, tu auras de l'eau ou du cidre.

Explications nécessaires aux instituteurs.

1re EXPLICATION.

Pour enseigner convenablement la conjugaison et l'hortographe du verbe avoir et du verbe être aux élèves, faitesleur d'abord copier les deux exemples qui précèdent; faitesles leur ensuite écrire plusieurs fois sous la dictée.

Afin de vous assurer, après, qu'ils reconnaissent bien tous les verbes qui figurent dans ces deux dictées, demandez-leur en l'analyse, faites-les leur numéroter tels qu'ils le sont dans le premier exemple. Et servez-vous, pour cela, du tableau noir et de la craie. Continuez d'agir de même pour tous les exemples de ce genre que renferme la suite de cet ouvrage.

C'est ainsi que l'on doit toujours procéder pour enseigner vite et facilement l'analyse de tous les mots d'une langue. Dans ce cas, on le sent, il n'en faut faire analyser et numéroter qu'une seule classe à la fois.

2e EXPLICATION.

En faisant écrire, sur le tableau noir, les pages 15, 18, 21 et 24 qui suivent, faites remarquer aux élèves que les quatre colonnes du présent de l'indicatif de ces quatre pages, se terminent : la 1re, par les lettres *e, r;* la 2e, par les lettres *i, r;* la 3e, par les lettres *o, i, r,* et la 4e, par les lettres *e, r,* ou par les sons *er, ir, oir* et *re.*

Faites remarquer également la terminaison des six colonnes du présent de l'indicatif. Dites, à cet égard, que la 1re et la 3e personnes du singulier se terminent par un *e* muet la 2e toujours par une *s* ; la 1re du pluriel par *o, n, s;* la 2e par *e, z,* et la 3e par *e, n, t.*

Au moyen de la rime, il est très-facile de leur faire concevoir toutes ces terminaisons.

CHAPITRE DEUXIÈME.

Colonnes de verbes.

PREMIÈRE CONJUGAISON.

INFINITIF

présent.

parler
limer
gâter
poser
tirer
râper
penser

INDICATIF.

présent.

Personnes du nombre singulier.

1re personne.	2e personne.	3e personne.
je parle	tu parles	il parle
je lime	tu limes	il lime
je gâte	tu gâtes	il gâte
je pose	tu poses	il pose
je tire	tu tires	il tire
je râpe	tu râpes	il râpe
je pense	tu penses	il pense

Personnes du nombre pluriel.

1re personne.	2e personne.	3e personne.
nous parlons	vous parlez	ils parlent
nous limons	vous limez	ils liment
nous gâtons	vous gâtez	ils gâtent
nous posons	vous posez	ils posent
nous tirons	vous tirez	ils tirent
nous râpons	vous râpez	ils râpent
nous pensons	vous pensez	ils pensent.

Temps de verbes.

INDICATIF.

présent.

je lime
tu limes
il lime
nous limons
vous limez
ils liment

PREMIÈRE CONJUGAISON.

Verbe parler.

INDICATIF.

PRÉSENT.

je parle
tu parles
il parle
nous parlons
vous parlez
ils parlent

IMPARFAIT.

je parlais
tu parlais
il parlait
nous parlions
vous parliez
ils parlaient

PASSÉ DÉFINI.

je parlai
tu parlas
il parla
nous parlâmes
vous parlâtes
ils parlèrent.

PASSÉ INDÉFINI.

j'ai parlé
tu as parlé
il a parlé
nous avons parlé
vous avez parlé
ils ont parlé

PASSÉ ANTÉRIEUR.

j'eus parlé
tu eus parlé
il eut parlé
nous eûmes parlé
vous eûtes parlé
ils eurent parlé

PLUS-QUE-PARFAIT.

j'avais parlé
tu avais parlé
il avait parlé
nous avions parlé
vous aviez parlé
ils avaient parlé

FUTUR.

je parlerai
tu parleras
il parlera
nous parlerons
vous parlerez
ils parleront.

PASSÉ.

j'aurai parlé
tu auras parlé
il aura parlé
nous aurons parlé
vous aurez parlé
ils auront parlé

CONDITIONNEL.

PRÉSENT.

je parlerais
tu parlerais
il parlerait
nous parlerions
vous parleriez
ils parleraient

PASSÉ.

j'aurais parlé
tu aurais parlé
il aurait parlé
nous aurions parlé
vous auriez parlé
ils auraient parlé

On dit aussi :

j'eusse parlé
tu eusses parlé
il eût parlé
nous eussions parlé
vous eussiez parlé
ils eussent parlé

IMPÉRATIF.

parle
parlons
parlez

SUBJONCTIF.

PRÉSENT.

que je parle
que tu parles
qu'il parle
que nous parlions
que vous parliez
qu'ils parlent

IMPARFAIT.

que je parlasse
que tu parlasses
qu'il parlât
que nous parlassions
que vous parlassiez
qu'ils parlassent

PASSÉ.

que j'aie parlé
que tu aies parlé
qu'il ait parlé
que nous ayons parlé
que vous ayez parlé
qu'ils aient parlé

PLUS-QUE-PARFAIT.

que j'eusse parlé
que tu eusses parlé
qu'il eût parlé
que nous eussions parlé
que vous eussiez parlé
qu'ils eussent parlé

INFINITIF.

PRÉSENT.

parler

PASSÉ.

avoir parlé

PARTICIPE.

PRÉSENT.

parlant

PASSÉ.

parlé, ayant parlé

Colonnes de verbes.

DEUXIÈME CONJUGAISON.

INFINITIF	INDICATIF.

présent.

INDICATIF — présent.

Personnes du nombre singulier.

	1re personne.	2e personne.	3e personne.
finir	je finis	tu finis	il finit
bâtir	je bâtis	tu bâtis	il bâtit
mourir	je meurs	tu meurs	il meurt
salir	je salis	tu salis	il salit
trahir	je trahis	tu trahis	il trahit
bénir	je bénis	tu bénis	il bénit
sortir	je sors	tu sors	il sort

Personnes du nombre pluriel.

1re personne.	2e personne.	3e personne.
nous finissons	vous finissez	ils finissent
nous bâtissons	vous bâtissez	ils bâtissent
nous mourons	vous mourez	ils meurent
nous salissons	vous salissez	ils salissent
nous trahissons	vous trahissez	ils trahissent
nous bénissons	vous bénissez	ils bénissent
nous sortons	vous sortez	ils sortent

Temps de verbes.

INDICATIF.

présent.

je bénis
tu bénis
il bénit
nous bénissons
vous bénissez
ils bénissent

DEUXIÈME CONJUGAISON.

Verbe finir.

INDICATIF.

PRÉSENT.

je finis
tu finis
elle finit
nous finissons
vous finissez
elles finissent

IMPARFAIT.

je finissais
tu finissais
elle finissait
nous finissions
vous finissiez
elles finissaient

PASSÉ DÉFINI.

je finis
tu finis
elle finit
nous finîmes
vous finîtes
elles finirent

PASSÉ INDÉFINI.

j'ai fini
tu as fini
elle a fini
nous avons fini
vous avez fini
elles ont fini

PASSÉ ANTÉRIEUR.

j'eus fini
tu eus fini
elle eut fini
nous eûmes fini
vous eûtes fini
elles eurent fini

PLUS-QUE-PARFAIT.

j'avais fini
tu avais fini
elle avait fini
nous avions fini
vous aviez fini
elles avaient fini

FUTUR.

je finirai
tu finiras
elle finira
nous finirons
vous finirez
elles finiront

PASSÉ.

j'aurai fini
tu auras fini
elle aura fini
nous aurons fini
vous aurez fini
elles auront fini

CONDITIONNEL.
PRÉSENT.

je finirais
tu finirais
elle finirait
nous finirions
vous finiriez
elles finiraient

PASSÉ.

j'aurais fini
tu aurais fini
elle aurait fini
nous aurions fini
vous auriez fini
elles auraient fini

On dit aussi :

j'eusse fini
tu eusses fini
elle eût fini
nous eussions fini
vous eussiez fini
elles eussent fini

IMPÉRATIF.

finis
finissons
finissez

SUBJONCTIF.
PRÉSENT.

que je finisse
que tu finisses
qu'elle finisse
que nous finissions
que vous finissiez
qu'elles finissent

IMPARFAIT.

que je finisse
pue tu finisses
qu'elle finît
que nous finissions
que vous finissiez
qu'elles finissent

PASSÉ.

que j'aie fini
que tu aies fini
qu'elle ait fini
que nous ayons fini
que vous ayez fini
qu'elles aient fini

PLUS-QUE-PARFAIT.

que j'eusse fini
que tu eusses fini
qu'elle eût fini
que nous eussions fini
que vous eussiez fini
qu'elles eussent fini

INFINITIF.
PRÉSENT.

finir

PASSÉ.

avoir fini

PARTICIPE.
PRÉSENT.

finissant

PASSÉ.

fini, ayant fini

CHAPITRE TROISIÈME.
Colonnes de verbes.
TROISIÈME CONJUGAISON.

INFINITIF.	INDICATIF.

INDICATIF. présent.

Personnes du nombre siugnlier.

présent. (INFINITIF)

	1re personne.	2e personne.	3e personne.
savoir	je sais	tu sais	il sait
pouvoir	je peux	tu peux	il peut
valoir	je vaux	tu vaux	il vaut
revoir	je revois	tu revois	il revoit
concevoir	je conçois	tu conçois	il conçoit
prévaloir	je prévaux	tu prévaux	il prévaut
voir	je vois	tu vois	il voit
recevoir	je reçois	tu reçois	il reçoit

Personnes du nombre pluriel.

1re personne.	2e personne.	3e personne.
nous savons	vous savez	ils savent
nous pouvons	vous pouvez	ils peuvent
nous valons	vous valez	ils valent
nous revoyons	vous voyez	ils voient
nous concevons	vous concevez	ils conçoivent
nous prévalons	vous prévalez	ils prévalent
nous voyons	vous voyez	ils voient
nous recevons	vous recevez	ils reçoivent

Temps de verbes.
INDICATIF
PRÉSENT.

je peux
tu peux
il peut
nous pouvons
vous pouvez
ils peuvent

TROISIÈME CONJUGAISON.

Verbe recevoir.

INDICATIF.
PRÉSENT.

je reçois
tu reçois
il reçoit
nous recevons
vous recevez
ils reçoivent

IMPARFAIT.

je recevais
tu recevais
il recevait
nous recevions
vous receviez
ils recevaient

PASSÉ DÉFINI.

je reçus
tu reçus
il reçut
nous reçûmes
vous reçûtes
ils reçurent

PASSÉ INDÉFINI.

j'ai reçu
tu as reçu
il a reçu
nous avons reçu
vous avez reçu
ils ont reçu

PASSÉ ANTÉRIEUR.

j'eus reçu
tu eus reçu
il eut reçu
nous eûmes reçu
vous eûtes reçu
ils eurent reçu

PLUS-QUE-PARFAIT.

j'avais reçu
tu avais reçu
il avait reçu
nous avions reçu
aous aviez reçu
ils avaient reçu.

FUTUR.

je recevrai
tu recevras
il recevra
nous recevrons
vous recevrez
ils recevront

PASSÉ.

j'aurai reçu
tu auras reçu
il aura reçu
nous aurons reçu
vous aurez reçu
ils auront reçu

CONDITIONNEL.
PRÉSENT.

je recevrais
tu recevrais
il recevrait
nous receverions
vous receveriez
ils recevraient

PASSÉ.

j'aurais reçu
tu aurais reçu
il aurait reçu
nous aurions reçu
vous auriez reçu
ils auraient reçu

On dit aussi :

j'eusse reçu
tu eusses reçu
il eût reçu
nous eussions reçu
vous eussiez reçu
ils eussent reçu

IMPARFAIT.

reçois
recevons
recevez

SUBJONCTIF.
PRÉSENT.

que je reçoive
que tu reçoives
qu'il reçoive
que nous recevions
que vous receviez
qu'ils reçoivent

IMPARFAIT.

que je reçusse
que tu reçusses
qu'il reçût
que nous reçussions
que vous reçussiez
qu'ils reçussent

PASSÉ.

que j'aie reçu
que tu aies reçu
qu'il ait reçu
que nous ayons reçu
que vous ayez reçu
qu'ils aient reçu

PLUS-QUE-PARFAIT.

que j'eusse reçu
que tu eusses reçu
qu'il eût reçu
que nous eussions reçu
que vous eussiez reçu
qu'ils eussent reçu

INFINITIF.
PRÉSENT.

recevoir

PASSÉ.

avoir reçu

PARTICIPE.
PRÉSENT.

recevant

PASSÉ.

reçu, ayant reçu

Colonnes de verbes.
QUATRIÈME CONJUGAISON.

———

INFINITIF.	INDICATIF.

présent: **présent.**

Personnes du nombre singulier.

	1re personne.	2e personne.	3e personne.
lire	je lis	tu lis	il lit
vendre	je vends	tu vends	il vend
boire	je bois	tu bois	il boit
mettre	je mets	tu mets	il met
rire	je ris	tu ris	il rit
coudre	je couds	tu couds	il coud
plaire	je plais	tu plais	il plait
battre	je bats	tu bats	il bat
fendre	je fends	tu fends	il fend

Personnes du nombre pluriel.

1re personne.	2e personne.	3e personne.
nous lisons	vous lisez	ils lisent
nous vendons	vous vendez	ils vendent
nous buvons	vous buvez	ils boivent
nous mettons	vous mettez	ils mettent
nous rions	vous riez	ils rient
nous cousons	vous cousez	ils cousent
nous plaisons	vous plaisez	ils plaisent
nous battons	vous battez	ils battent
nous fendons	vous fendez	ils fendent

Temps de verbes.
INDICATIF.
PRÉSENT.

je lis
tu lis
il lit
nous lisons
vous lisez
ils lisent

QUATRIÈME CONJUGAISON.

Verbe vendre.

INDICATIF..	PASSÉ ANTÉRIEUR.
PRÉSENT.	
je vends	j'eus vendu
tu vends	tu eus vendu
elle vend	elle eut vendu
nous vendons	hous eûmes vendu
vous vendez	vous eûtes vendu
elles vendent	elles eurent vendu
IMPARFAIT.	**PLUS-QUE-PARFAIT.**
je vendais	j'avais vendu
tu vendais	tu avais vendu
elle vendait	elle avait vendu
nous vendions	nous avions vendu
vous vendiez	vous aviez vendu
elles vendaient	elles avaient vendu
PASSÉ DÉFINI.	**FUTUR.**
je vendis	je vendrai
tu vendis	tu vendras
elle vendit	elle vendra
nous vendîmes	nous vendrons
vous vendîtes	vous vendrez
elles vendirent	elles vendront
PASSÉ INDÉFINI.	**PASSÉ.**
j'ai vendu	j'aurai vendu
tu as vendu	tu auras vendu
elle a vendu	elle aura vendu
nous avons vendu	nous aurons vendu
vous avez vendu	vous aurez vendu
elles ont vendu	elles auront vendu

2

CONDITIONNEL.

PRÉSENT.

je vendrais
tu vendrais
elle vendrait
nous vendrions
vous vendriez
elles vendraient

PASSÉ.

j'aurais vendu
tu aurais vendu
elle aurait vendu
nous aurions vendu
vous auriez vendu
elles auraient vendu

On dit aussi :

j'eusse vendu
tu eusses vendu
elle eût vendu
nous eussions vendu
vous eussiez vendu
elles eussent vendu

IMPÉRATIF.

vends
vendons
vendez

SUBJONCTIF.

PRÉSENT.

que je vende
que tu vendes
qu'elle vende
que nous vendions
que vous vendiez
qu'elles vendent

IMPARFAIT.

que je vendisse
que tu vendisses
qu'elle vendît
que nous vendissions
que vous vendissiez
qu'elles vendissent

PASSÉ.

que j'aie vendu
que tu aies vendu
qu'elle ait vendu
que nous ayons vendu
que vous ayez vendu
qu'elles aient vendu

PLUS-QUE-PARFAIT.

que j'eusse vendu
que tu eusses vendu
qu'elle eût vendu
que nous eussions vendu
que vous eussiez vendu
qu'elles eussent vendu

INFINITIF.

PRÉSENT.

vendre

PASSÉ.

avoir vendu

PARTICIPE.

PRÉSENT.

vendant

PASSÉ.

vendu, ayant vendu

CHAPITRE QUATRIÈME.

Colonnes de verbes.

SUBJONCTIF.

Imparfait.

Première personne du singulier.

1re CONJUGAISON.	3e CONJUGAISON.
que je pavasse	que je susse
que je limasse	que je pusse
que je gâtasse	que je valusse
que je posasse	que je revisse
que je tirasse	que je conçusse
que je râpasse	que je prévalusse

2e CONJUGAISON.	4e CONJUGAISON.
que je finisse	que je lusse
que je bâtisse	que je vendisse
que je mourusse	que je busse
que je salisse	que je misse
que je trahisse	que je risse
que je bénisse	que je cousisse

Troisième personne du singulier.

1re CONJUGAISON.	2e CONJUGAISON.	3e CONJUGAISON.	4e CONJUGAISON.
qu'il pavât	qu'il finît	qu'il sût	qu'il lût
qu'il limât	qu'il bâtît	qu'il pût	qu'il vendît
qu'il gâtât	qu'il mourût	qu'il valût	qu'il bût
qu'il posât	qu'il salît	qu'il revît	qu'il mît
qu'il tirât	qu'il trahît	qu'il conçût	qu'il rît
qu'il râpât	qu'il bénît	qu'il prévalût	qu'il cousît
qu'il pensât	qu'il sortît	qu'il vît	qu'il plût
qu'il dînât	qu'il gémît	qu'il reçût	qu'il battît

Première personne du pluriel.

1re CONJUGAISON.

que nous pavassions
que nous limassions
que nous gâtassions
que nous posassions
que nous tirassions
que nous râpassions

2e CONJUGAISON.

que nous finissions
que nous bâtissions
que nous mourussions
que nous salissions
que nous trahissions
que nous bénissions

3e CONJUGAISON.

que nous sussions .
que nous pussions
que nous voulussions
que nous revissions
que nous conçussions
que nous prévalussions

4e CONJUGAISON.

que nous lussions
que nous vendissions
que nous bussions
que nous missions
que nous rissions
que nous cousissions

Deuxième personne du pluriel.

1re CONJUGAISON.

que vous pavassiez
que vous limassiez
que vous gâtassiez
que vous posassiez
que vous tirassiez
que vous râpassiez

2e CONJUGAISON.

que vous finissiez
que vous bâtissiez
que vous mourussiez
que vous salissiez
que vous trahissiez
que vous bénissiez

3e CONJUGAISON.

que vous sussiez
que vous pussiez
que vous voulussiez
que vous revissiez
que vous conçussiez
que vous prévalussiez

4e CONJUGAISON.

que vous lussiez
que vous vendissiez
que vous bussiez
que vous missiez
que vous rissiez
que vous cousissiez

Orthographe des verbes des quatre conjugaisons.

PREMIÈRE CONJUGAISON.

1er Exemple.

Léontine vous demande à manger. Tu les porteras chez elle. On lui refuserait ces renseiments-là. Jérôme déjeûnera en compagnie. J'eus préféré la plus petite. Paul désirait que je les pesasse. Marie aime mieux que vous chantiez. Avance ou recule, je l'exige. Ils fermèrent toutes les portes. Nous souhaitions qu'il dansât ou qu'il jouât de la flûte.

Allez vite; assurez-leur nos respects. Oui, ils eussent trouvé son argent. Tu épouseras la fille de Simon. Il eut planté des arbres. Je leur présentai des figues. Non, elle restera en voiture. On souhaite que j'eusse parlé. Jean et Luce auraient donné la laine noire.

2e Exemple.

Je laisse ma lance ici. Lorsque nous labourerons, tu lui enverras ta voiture. C'est pour qu'elle brode ma robe. Vous poussez ma colère à bout. Il pénétra jusque dans les bois. Nous verserions encore des larmes. Général, ôtez votre montre, car on la volerait.

Hortense exigea que nous la coupassions. Elle sème du blé d'Espagne. Tu as porté le coup un peu trop bas. Nous eussions miné le vieux pont Auguste eut aimé une telle sœur. Vous avez frappé le père et le fils. Cécile, retournez à votre place. Eux, ils montent du fer.

DEUXIÈME CONJUGAISON.

1er EXEMPLE.

Ils partirent comme elle finissait. Pierre sou-
tient que tu mens toujours. Elles avaient senti
leur faute. Venez punir celui qui vous a trahi.
J'eusse rougi de honte. François, que vous haïs-
sez, bénira cependant vos œuvres. On les salis-
sait pour que nous les vernissions.

Unis ces deux-là : vous, avertissez votre mère. Ils eurent bâti le leur avant midi. Rose con-
sentira à revenir. Hippolyte prévit cette affaire.
Vous ressentîtes de vives douleurs. Nous con-
venons qu'ils ont poli celui-là. Ils crépirent
toute la façade du palais.

2e EXEMPLE.

Adélaïde avait bruni celle que tu vernissais.
Amis, sortez, elle reviennent. Théophile eut
sali mes vêtements. Cours avec ces jeunes gens;
dors quelquefois à leurs côtés.

Convenez plutôt que vous les démolîtes. Je
hais de tels hommes; ils me haïssent aussi.
Elles ont sorti les rouges, elles repolissent les
blancs. Hermionne soutint que je partis la première nuit. La vue du combat ramolira son
courage et son audace.

TROISIÈME CONJUGAISON.

1er Exemple.

La reine aurait voulu que vous la reçussiez.
Tel qu'on le voit, il eut conçu d'excellents pro-
jets. Elle saurait bientôt ce que vous voudriez.
Revois ces dames; mon fils sait ce qu'elles veu-
lent. J'avais reçu l'argent qu'ils devaient au ca-
poral. Nous eussions pu les percevoir le même
jour, ou le lendemain.

Je dois cent francs à Benoît. Tu voulais qu'ils
conçussent ce plan. Elles auront pu les voir,
nous le savons. Martin a su que tu as pourvu à
ses désirs. On apercevait celui que Marie reçut.
Émile pourrait également le revoir. Sachons ce
qu'il devait, ce qu'il recevait.

2e Exemple.

Vous prévîtes toutes ses menaces. Tu vou-
dras aussi qu'elle boive avec eux. Ils eussent
prévalu sur les autres. Je veux que vous receviez bien mes amis. Hélène aperçoit un bel oi-
seau. On aurait su ce qu'ils auraient valu. Sans
doute tu eusses dû le prévoir.

Caroline savait que vous la voyiez. Nous les
reçûmes une seconde fois. Duval a voulu qu'elles pourvussent aux frais. Recevons-les; ils
vaudront mieux que les autres. J'avais perçu
tous mes fonds. Hortense eut voulu qu'ils eussent revu le garde. Assieds-toi sur ce banc;
vous, pourvoyez au déjeûner.

QUATRIÈME CONJUGAISON.

1ᵉʳ EXEMPLE.

Tu les défendrais pour mieux les combattre. Attendez que j'aie vendu mes cerises. Julie le fait lire; moi, je lui apprends à écrire. Ces hommes vous poursuivront, je vous le promets. Louise attendrait qu'il les fendît en deux. Tu eusses mis le tien au feu. On craint qu'elle frappe le colonel Kiluskat.

Nous perdîmes ceux que David montrait à Cristophe. Entendons bien ce qu'ils nous disent. Émile prétend le descendre. Elle a rendu ce qu'ils ont pris. Vous attendîtes qu'elle eût vendu la montre. Pour qu'il revienne, je lui remettrai le sac, puis tu le suivras.

2ᵉ EXEMPLE.

Dites également que vous ferez boire les agneaux. Elles reprirent ceux qu'ils fendaient; Adolphe craignit qu'ils les missent à l'eau. Apprenez à coudre et à vous vaincre. Vous, vous auriez perdu mon estime.

Nous surprîmes ceux qui combattaient sur la rive gauche. On attendait qu'elle eût instruit l'autre. Je crois que j'aurais défendu vos intérêts. Afin qu'ils les remissent, elle les promit au peuple. Craignez ses conseils; combattez-les, toujours, très-souvent.

CHAPITRE CINQUIÈME.

Verbe passif.

INDICATIF.

PRÉSENT.

je suis aimé
tu es aimé
il est aimé
nous sommes aimés
vous êtes aimés
ils sont aimés

IMPARFAIT.

j'étais aimé
tu étais aimé
il était aimé
nous étions aimés
vous étiez aimés
ils étaient aimés

PASSÉ DÉFINI.

je fus aimé
tu fus aimé
il fut aimé
nous fûmes aimés
vous fûtes aimés
ils furent aimés

PASSÉ INDÉFINI.

j'ai été aimé
tu as été aimé
il a été aimé
nous avons été aimés
vous avez été aimés
ils ont été aimés

PASSÉ ANTÉRIEUR.

j'eus été aimé
tu eus été aimé
il eut été aimé
nous eûmes été aimés
vous eûtes été aimés
ils eurent été aimés.

PLUS-QUE-PARFAIT.

j'avais été aimé
tu avais été aimé
il avait été aimé
nous avions été aimés
vous aviez été aimés
ils avaient été aimés

FUTUR.

je serai aimé
tu seras aimé
il sera aimé
nous serons aimés
vous serez aimés
ils seront aimés

PASSÉ.

j'aurai été aimé
tu auras été aimé
il aura été aimé
nous aurons été aimés
vous aurez été aimés
ils auront été aimés

2.

CONDITIONNEL
PRÉSENT.

je serais aimé
tu serais aimé
il serait aimé
nous serions aimés
vous seriez aimés
ils seraient aimés

PASSÉ.

j'aurais été aimé
tu aurais été aimé
il aurait été aimé
nous aurions été aimés
vous auriez été aimés
ils auraient été aimés.

On dit aussi :

j'eusse été aimé
tu eusses été aimé
il eût été aimé
nous eussions été aimés
vous eussiez été aimés
ils eussent été aimés

IMPÉRATIF.

sois aimé
soyons aimés
soyez aimés

SUBJONCTIF.
PRÉSENT.

que je sois aimé
que tu sois aimé
qu'il soit aimé
que nous soyons aimés
que vous soyez aimés
qu'ils soient aimés

IMPARFAIT.

que je fusse aimé
que tu fusses aimé
qu'il fût aimé
que nous fussions aimés
que vous fussiez aimés
qu'ils fussent aimés

PASSÉ.

que j'aie été aimé
que tu aies été aimé
qu'il ait été aimé
que nous ayons été aimés
que vous ayez été aimés
qu'ils aient été aimés

PLUS-QUE-PARFAIT.

que j'eusse été aimé
que tu eusses été aimé
qu'il eût été aimé
que nous eussions été aimés
que vous eussiez été aimés
qu'ils eussent été aimés

INFINITIF.
PRÉSENT.

être aimé

PASSÉ.

avoir été aimé

PARTICIPE.
PRÉSENT.

étant aimé

PASSÉ.

aimé, ayant été aimé

Verbe pronominal.

INDICATIF.

PRÉSENT.

je me pique
tu te piques
elle se pique
nous nous piquons
vous vous piquez
elles se piquent

IMPARFAIT.

je me piquais
tu te piquais
elle se piquait
nous nous piquions
vous vous piquiez
elles se piquaient

PASSÉ DÉFINI.

je me piquai
tu te piquas
elle se piqua
nous nous piquâmes
vous vous piquâtes
elles se piquèrent

PASSÉ INDÉFINI.

je me suis piquée
tu t'es piquée
elle s'est piquée
nous nous sommes piquées
vous vous êtes piquées
elles se sont piquées

PASSÉ ANTÉRIEUR.

je me fus piquée
tu te fus piquée
elle se fut piquée
nous nous fûmes piquées
vous vous fûtes piquées
elles se furent piquées

PLUS-QUE-PARFAIT.

je m'étais piquée
tu t'étais piquée
elle s'était piquée
nous nous étions piquées
vous vous étiez piquées
elles s'étaient piquées

FUTUR.

je me piquerai
tu te piqueras
elle se piquera
nous nous piquerons
vous vous piquerez
elles se piqueront

PASSÉ.

je me serai piquée
tu te seras piquée
elle se sera piquée
nous nous serons piquées
vous vous serez piquées
elles se seront piquées

CONDITIONNEL.

PRÉSENT.

je me piquerais
tu te piquerais
elle se piquerait
nous nous piquerions
vous vous piqueriez
elles se piqueraient

PASSÉ.

je me serais piqué
tu te serais piquée
elle se serait piquée
nous nous serions piquées
vous vous seriez piquées
elles se seraient piquées

On dit aussi :

je me fusse piquée
tu te fusses piquée
elle se fût piquée
nous nous fussions piquées
vous vous fussiez piquées
elles se fussent piquées

IMPÉRATIF.

pique-toi
piquons-nous
piquez-vous

SUBJONCTIF.

PRÉSENT.

que je me pique
que tu te piques
qu'elle se pique
que nous nous piquions
que vous vous piquiez
qu'elles se piquent

IMPARFAIT.

que je me piquasse
que tu te piquasses
qu'elle se piquât
que nous nous piquassions
que vous vous piquassiez
qu'elles se piquassent

PASSÉ.

que je me sois piquée
que tu te sois piquée
qu'elle se soit piquée
que nous nous soyons piquées
que vous vous soyez piquées
qu'elles se soient piquées

PLUS-QUE-PARFAIT.

que je me fusse piquée
que tu te fusses piquée
qu'elle se fût piquée
que nous nous fussions piquées
que vous vous fussiez piquées
qu'elles se fussent piquées

INFINITIF.

PRÉSENT.

se piquer

PASSÉ.

s'être piquée.

PARTICIPE.

PRÉSENT.

se piquant

PASSÉ.

s'étant piquée

Verbe unipersonnel.

INDICATIF.
PRÉSENT.
il tonne
IMPARFAIT.
il tonnait
PASSÉ DÉFINI.
il tonna
PASSÉ INDÉFINI.
il a tonné
PASSÉ ANTÉRIEUR.
il eut tonné
PLUS-QUE-PARFAIT.
il avait tonné
FUTUR.
il tonnera
PASSÉ.
il aura tonné

CONDITIONNEL.
PRÉSENT.
il tonnerait
PASSÉ.
il aurait tonné
On dit aussi :
il eût tonné

SUBJONCTIF.
PRÉSENT.
qu'il tonne
IMPÉRATIF.
qu'il tonnât
PASSÉ.
qu'il ait tonné
PLUS-QUE-PARFAIT.
qu'il eût tonné

INFINITIF.
PRÉSENT.
tonner
PASSÉ,
avoir tonné

PARTICIPE.
PRÉSENT.
tonnant
PASSÉ.
tonné, ayant tonné

Verbe aspiré.

INDICATIF.

PRÉSENT.

je hache
tu haches
il hache
nous hachons
vous hachez
ils hachent

IMPARFAIT.

je hachais
tu hachais
il hachait
nous hachions
vous hachiez
ils hachaient

PASSÉ DÉFINI.

je hachai
tu hachas
il hacha
nous hachâmes
vous hachâtes
ils hachèrent

PASSÉ INDÉFINI.

j'ai haché
tu as haché
il a haché
nous avons haché
vous avez haché
ils ont haché

PASSÉ ANTÉRIEUR.

j'eus haché
tu eus haché
il eut haché
nous eûmes haché
vous eûtes haché
ils eurent haché

PLUS-QUE-PARFAIT.

j'avais haché
tu avais haché
il avait haché
nous avions haché
vous aviez haché
ils avaient haché

FUTUR.

je hacherai
tu hacheras
il hachera
nous hacherons
vous hacherez
ils hacheront

PASSÉ.

j'aurai haché
tu auras haché
il aura haché
nous aurons haché
vous aurez haché
ils auront haché

CONDITIONNEL.
PRÉSENT.

je hacherais
tu hacherais
il hacherait
nous hacherions
vous hacheriez
ils hacheraient

PASSÉ.

j'aurais haché
tu aurais haché
il aurait haché
nous aurions haché
vous auriez haché
ils auraient haché

On dit aussi :

j'eusse haché
tu eusses haché
il eût haché
nous eussions haché
vous eussiez haché
ils eussent haché

IMPÉRATIF.

hache
hachons
hachez

SUBJONCTIF.
PRÉSENT.

que je hache
que tu haches
qu'il hache
que nous hachions
que vous hachiez
qu'ils hechent

IMPARFAIT.

que je hachasse
que tu hachasses
qu'il hachât
que nous hachassions
que vous hachassiez
qu'ils hachassent

PASSÉ.

que j'aie haché
que tu aies haché
qu'il ait haché
que nous ayons haché
que vous ayez haché
qu'ils aient haché

PLUS-QUE-PARFAIT.

que j'eusse haché
que tu eusse haché
qu'il eût haché
que nous eussions haché
que vous eussiez haché
qu'ils eussent haché

INFINITIF.
PRÉSENT.

hacher

PASSÉ.

avoir haché

PARTICIPE.
PRÉSENT.

hachant

PASSÉ.

haché, ayant haché

Orthographe des verbes passifs, pronominaux, uniper-
sonnels et aspirés.

1er EXEMPLE.

Nous serions trahis les premiers. On veut
qu'il soit entré chez le général. Elles furent
aimées et respectées. Oui, qu'il pleuve ou qu'il
neige, il faut que je parte. Tu haches de la
paille. Il s'est arrêté tout-à-coup.

Entendez : il tonne, et très-fort. Auguste
voulait que je me battisse, je m'y refusai. Ils
haleront tous les bateaux. Emilie désirait qu'il
se fût blessé en venant.

2e EXEMPLE.

J'eus été surpris avant lui. Ils souhaitaient
qu'elles fussent honorées. Je te préviens : tu te
feras haïr. Sans ce coup de soleil, il eut plu
toute la soirée. Elle les harangue.

Vous vous êtes présentés comme des ennemis.
Ils haïraient le plus estimable. Hector désire
que tu te sois trompé. Il importe qu'on le dise.
Luce s'en ira aujourd'hui.

FIN DE LA PREMIÈRE PARTIE.

DEUXIÈME PARTIE.

—

CHAPITRE PREMIER.

PHRASES.

Je lis une lettre. Nous vernissons les bottes du roi.
Montez sur la côte. Ils savent peindre. Vous finîtes à midi.
Elle lui doit cinquante francs. Tu danseras avec moi. Léon
servait le général. Nous le polirons un peu mieux. Ils disent
que je reçois ses fils. On veut les mettre là.

Nous tirâmes un aigle. Ils battirent le rappel. Je fermai
la porte du cabinet. Pauline désire vous revoir. Tu leur
feras éprouver du retard. Elles vous reverront demain. On
finit nos tuniques blanches. Marie et Elise puniront toutes
les femmes. Tu démoliras le palais.

Terminaison des verbes des quatre conjugaisons.

INFINITIF.

Présent.

1re CONJUGAISON.	2e CONJUGAISON.	3e CONJUGAISON.	4e CONJUGAISON.
3 monter	2 vernir	4 savoir	1 lire
8 danser	6 finir	7 devoir	5 peindre
15 tirer	9 servir	12 recevoir	11 dire
17 fermer	10 polir	18 vouloir	14 mettre
18 désirer	23 finir	19 revoir	16 battre
21 éprouver	24 punir	22 revoir	20 faire

D'où naît l'orthographe des verbes.

Nous devons faire remarquer ici qu'il y a, pour bien faire comprendre l'orthographe des verbes aux enfants, un fait qui est très-important, et que l'on n'a pas encore exposé dans les ouvrages élémentaires. Ce fait consiste à dire et à montrer aux élèves que, si les verbes se terminent par telle ou telle lettre, c'est la prononciation qui l'exige, ou la liaison des sons qui est produite par le choc des consonnes sur les voyelles.

Afin que les enfants puissent bien concevoir cela, il faut qu'on leur écrive en regard l'une de l'autre, deux colonnes de mots. Dans celle de gauche, les mots qui suivent les verbes doivent être écrits tels qu'on les écrit ordinairement, et, dans celle de droite, tels qu'on les prononce, ou comme dans l'exemple ci-dessous :

Liaison des sons.

elles sont installées	elles sont *t*installées
vous avez agi	vous *z*avez *z*agi
tu seras estimé	tu seras *z*estimé
nous sommes utiles	nous sommes *z*utiles
je fus heureux	je fus *z*heureux
ils ont osé boire	ils *z*ont *t*osé boire
qu'il soit aimé	qu'il soit *t*aimé
que vous soyez habile	que vous soyez *z*habile
que tu eusses été pris	que tu eusses *z*été chéri
que nous fussions initiés	que nous fussions *z*imbus

Colonnes de verbes.

IMPARFAIT.

1re personne du singulier.	3e personne du pluriel.
il pavait	ils pavaient
il montait	ils montaient
il tenait	ils tenaient
il sentait	ils sentaient
il savait	ils savaient
il voulait	ils voulaient
il lisait	ils lisaient
il vendait	ils vendaient

PHRASES.

Nombre singulier.

Il disait aussi que le prince avait eu peur. Pierre voulait celui qui était à Léontine. Elle partait au moment même qu'il revenait. Julie dansait seule; Caton chantait tout haut. On disait que le roi allait souvent à Paris. Joséphine écrivait, Hector la regardait. Il tenait le gros marteau, Paul fermait la porte. Jean aimait son père, Henri adorait sa mère.

Nombre pluriel.

Les femmes se reposaient; les hommes travaillaient. Ceux-ci lisaient bien, ceux-là parlaient très-mal. Elles auraient toutes des enfants. Ils portaient leurs fagots. Nos soldats avaient faim, vos fils le savaient tous. Ces bergères descendaient, ces bergers remontaient. Ils buvaient du vin, elles mangeaient des pommes. Mes filles pleuraient.

CONJUGATEUR.

Temps de verbes.

Temps simples.	Temps composés.

INDICATIF.

PRÉSENT.	PASSÉ DÉFINI.
j'ai	j'ai eu
tu as	tu as eu
il a	il a eu
nous avons	nous avons eu
vous avez	vous avez eu
ils ont	ils ont eu

PASSÉ DÉFINI.	PASSÉ ANTÉRIEUR.
j'eus	j'eus eu
tu eus	tu eus eu
il eut	il eut eu
nous eûmes	nous eûmes eu
vous eûtes	vous eûtes eu
ils eurent	ils eurent eu

FUTUR.	FUTUR PASSÉ.
j'aurai	j'aurai eu
tu auras	tu auras eu
il aura	il aura eu
nous aurons	nous aurons eu
vous aurez	vous aurez eu
ils auront	ils auront eu

SUBJONCTIF.   **SUBJONCTIF.**

PRÉSENT.	PASSÉ.
que j'aie	que j'aie eu
que tu aies	que tu aies eu
qu'il ait	qu'il ait eu
que nous ayons	que nous ayons eu
que vous ayez	que vous ayez eu
qu'ils aient	qu'ils aient eu

PHRASES.

Temps simples.

Tu voulais écrire cette nouvelle à ta sœur Adélaïde. Nous pensons tous que vous ferez votre devoir ; nous en avons la conviction. Elle chantera les louanges de Dieu, elle le priera de lui être favorable. Je fis tout ce que je pus pour le servir ; il le comprit, il le sentit. Aussi, il s'en montra reconnaissant.

S'il venait ce matin, Paul repartirait avec lui ce soir ; il le reconduirait jusqu'à Paris. Je le vois : tu veux que je t'apprenne à lire et à chanter. Eh bien, sois content ; je vais te satisfaire. Cincinatus exigeait toujours qu'ils dansassent ; ils ne voulurent point.

Temps composés.

Elles ont vu un homme qui a été précipité dans la mer. Vous avez chanté un beau cantique ; on l'a entendu avec plaisir. Hector veut que nous ayons mangé ses poires ; pensant ainsi, il est dans l'erreur. Hélas ! j'aurai trompé cet enfant, et sans le vouloir. Nos filles seront allées à la messe ; il y a tout à le croire. Marie désirait que tu fusses embarqué.

Nous nous serions battus nous-mêmes, nous aurions été vainqueurs ou vaincus. J'ai parlé à ton ami ; il m'a montré sa blessure. Si vous aviez suivi ses conseils, vous auriez été arrivée la première. Oui, nous eûmes pu le faire ; mais nous ne le jugeâmes pas à propos. Vous eussiez eu celui-ci et Jules celui-là.

CHAPITRE DEUXIÈME.

Colonnes de verbes.

Terminaison des trois personnes du singulier.

INDICATIF.
PRÉSENT.

Première conjugaison.

1re personne du sing	2e personne du sing.	3e personne du sing.
je parle	tu manges	il sauve
je broche	tu brodes	il boite
je pose	tu comptes	il pile
je livre	tu laves	il trouve
je sucre	tu dînes	il monte
je brave	tu portes	il entre

Deuxième conjugaison.

1re personne du sing.	2e personne du sing.	3e personne du sing.
je polis	tu vernis	il punit
je meurs	tu pressens	il bénit
je brunis	tu garnis	il régit
je sens	tu consens	il mugit
je bâtis	tu guéris	il tarit
je salis	tu finis	il ternit

Troisième conjugaison.

1re personne du sing.	2e personne du sing.	3e personne du sing.
je vois	tu revois	il sait
je peux	tu sais	il peut
je dois	tu perçois	il doit
je veux	tu veux	il vaut
je conçois	tu pourvois	il revoit
je prévois	tu vois	il prévaut

Quatrième conjugaison.

1re personne du sing.	2e personne du sing	3e personne du sing.
je lis	tu écris	il suspend
je fais	tu prétends	il permet
je crois	tu réponds	il dissout
je plais	tu transmets	il détruit
je rends	tu défais	il refond
je promets	tu attends	il démet

PHRASES.

Première conjugaison.

Je mange les plus petites, je laisse les plus grosses à Dominique. Tu ne charges pas bien la voiture; tu pousses les planches trop en avant. Il tire le pain du four, il le pose sur la table. Je distingue encore ta voix, tu parles à ton frère Simon. Mon cousin Pierre monte à cheval, il se sauve au galop vers la montagne.

Deuxième conjugaison.

Je polis les marbres noirs de France, je brunis les pierres blanches de Russie. Tu démolis de vilaines maisons, tu en rebâtis de belles à la place. Il chérit quelquefois ses amis, il punit très-souvent ses ennemis. Moi, je guéris les malades; toi, tu bénis les affligés; lui, il tarit les fontaines de nos prairies.

Troisième conjugaison.

Je vois déjà, par cet aperçu, tout ce que je dois à Orléans. Tu prévois ses désirs; tu les conçois dans toute leur étendue. Il voit mieux clair que nous, celui-là, car il sait parfaitement sa grammaire. Je renvois vos livres à Constance; tu reçois tous les compliments; il pourvoit encore aux besoins de mon fils bien aimé.

Quatrième conjugaison.

Dès le matin, je lis ou j'écris; le soir, je fais une promenade. Jules, tu crains mes reproches; tu attends l'effet de ma colère. Il permet le bien et la justice, il défend le mal et la paresse. Je détruis les plus jolies fleurs; tu réponds toujours bien aux députés; il reprend sa bourse, il la met dans sa poche en peau verte.

VERBES.

Verbes terminés en dre : comme endre, ondre, etc.

1re personne du sing.	2e personne du sing.	3e personne du sing.
je vends	tu confonds	il pend
je défends	tu réponds	il revend
je fends	tu tonds	il entend
je tends	tu refonds	il prend
je suspends	tu couds	il défend
je prétends	tu tords	il suspend

Verbes terminés en dre : comme indre, oudre, etc.

1re personne du sing.	2e personne du sing.	3e personne du sing.
je crains	tu crains	il craint
je joins	tu joins	il joint
je peins	tu peins	il peint
je feins	tu feins	il feint
j'absous	tu absous	il absout
je résous	tu résous	il résout

PHRASES.

PREMIER EXEMPLE.

Je reprends tous les vieux bois, je vends la pierre à un maçon. Tu tords encore trop ce fil, tu suspends mal les cordes. Au printemps, il fend des planches; en hiver, il tend des filets. Je dépends de lui, et non de toi. Tu refonds les vases d'or et d'argent; il prétend aux honneurs du triomphe ou de la victoire.

DEUXIÈME EXEMPLE.

Je crains ses fureurs, je peins ses bonnes qualités. Tu absous le coupable, tu feins de connaître l'innocent. Il résout un grand problême; par là, il joint le courage au talent. Je ceins le bandeau royal, tu teins les laines; il craint les offenses des hommes méchants.

PHRASES.

Il tonne très-fort. Elles se dévorent toutes. Ils battirent leurs chefs. Je suis blessé au cœur. Ils pleuvra ce soir ou demain. Je cherche mes enfants. Tu marchais mieux que lui. Elle but du vin de Rome. Ils se sont vus.

Vous, vous fûtes estimée. Tu veux toujours que je sois aimé. Il faut qu'elles partent maintenant. Nous vous donnerons des conseils. Tu parles un peu trop. Elle dormira encore assez. On s'embarque à Boulogne. Il importe qu'on vienne tout à l'heure, à l'instant.

Classification des cinq espèces de verbes.

1re CLASSE.	2e CLASSE	3e CLASSE.
Verbes actifs.	Verbes neutres.	Verbes passifs.
3 battre	7 marcher	4 être blessé
6 chercher	14 partir	10 être estimé
8 boire	17 dormir	12 être aimé
11 vouloir	20 venir	

4e CLASSE.	4e CLASSE.
verbes prodominaux.	Verbes unipersonnels
2 se dévorer	1 tonner
9 se trompe	5 pleuvoir
15 se donner	23 faloir
18 s'embarquer	19 importer

3

Verbes conjugués interrogativement.

Verbe avoir.

INDICATIF.
PRESENT.
ai-je ?
as-tu ?
a-t-il ?
avons-nous ?
avez-vous ?
ont-ils ?

IMPARFAIT.
avais-je ?
avais-tu ?
avait-il ?
avions-nous ?
aviez-vous ?
avaient-ils ?

PASSÉ DÉFINI.
eus-je ?
eus-tu ?
eut-il ?
eûmes-nous ?
eûtes-vous ?
eurent-ils ?

PASSÉ INDÉFINI.
ai-je eu ?
as-tu eu ?
a-t-il eu ?
avons-nous eu ?
avez-vous eu ?
ont-ils eu ?

PASSÉ ANTÉRIEUR.
eus-je eu ?
eus-tu eu ?
eut-il eu ?
eûmes-nous eu ?
eûtes-vous eu ?
eurent-ils eu ?

PLUS-QUE-PARFAIT.
avais-je eu ?
avais-tu eu ?
avait-il eu ?
avions-nous eu ?
aviez-vous eu ?
avaient-ils eu ?

FUTUR.
aurai-je ?
auras-tu ?
aura-t-il ?
aurons-nous ?
aurez-vous ?
auront-ils ?

PASSÉ.
aurai-je eu ?
auras-tu eu ?
aura-t-il eu ?
aurons-nous eu ?
aurez-vous eu ?
auront-ils eu ?

CONDITIONNEL.
PRÉSENT.

aurais-je ?

aurais-tu ?

aurait-il ?

aurions-nous?

auriez-vous?

auraient-ils?

PASSÉ.

aurais-je eu ?

aurais-tu eu?

aurait-il eu ?

aurions-nous eu ?

auriez vous eu?

auraient-ils eu?

On dit aussi :

eussé-je eu ?

eusses-tu eu ?

eût-il eu?

eussions-nous eu ?

eussiez-vous eu?

eussent-ils ?

Dans tous les verbes, les temps suivants ou les six derniers, ne se conjuguent point interrogativement : on ne le peut.

Verbe être.

INDICATIF.
PRÉSENT.

suis-je ?

es-tu ?

est-il ?

sommes-nous?

êtes-vous?

sont-ils ?

PASSÉ DÉFINI.

fus-je ?

fus-tu ?

fut-il?

fûmes-nous?

fûtes-vous?

furent-ils?

IMPARFAIT.

étais-je?

étais-tu?

était-il?

étions-nous?

étiez-vous?

étaient-ils?

PASSÉ INDÉFINI.

ai-je été ?

as-tu été ?

a-t-il été ?

avons-nous été ?

avez-vous été ?

ont-ils été?

CHAPITRE TROISIÈME.
Verbes conjugués interrogativement.
PREMIÈRE CONJUGAISON.

—

Verbe chanter.

INDICATIF.	PASSÉ DÉNINI.
PRÉSENT.	
chanté-je?	chantai-je?
chantes-tu ?	chantas tu ?
chante-t-elle?	chanta-t-elle ?
chantons-nous ?	chantâmes-nous?
chantez-vous ?	chantâtes-vous?
chantent-elles ?	chantèrent-elles ?
IMPARFAIT.	**PASSÉ INDÉFINI**
chantais-je?	ai-je chanté ?
chantais-tu?	as-tu chanté ?.
chantait-elle ?	a-t-elle chanté ?
chantions-nous?	avons-nous chanté ?
chantiez-vous?	avez-vous chanté?
chantaient-elles?	ont-elles chanté?

DEUXIÈME CONJUGAISON.
Verbe finir.

INDICATIF.	PASSÉ DÉFINI.
PRÉSENT.	
finis-je?	finis-je?
finis-tu ?	finis-tu?
finit-il ?	finit-il ?
finissons-nous?	finîmes-nous?
finissez-vous ?	finîtes-vous ?
finissent-ils ?	finirent-elles ?
IMPARFAIT.	**PASSÉ INDÉFINI.**
finissais-je ?	ai-je fini ?
finissais-tu?	as-tu fini?
finissait-il?	a-t-il fini ?
finissions-nous?	avons-nous fini?.
finissiez-vous ?	avez-vous fini?
finissaient-ils ?	ont-ils fini ?

TROISIÈME CONJUGAISON.
Verbe pouvoir.

INDICATIF.

PRÉSENT.

puis-je?
peux-tu?
peut-il?
pouvons-nous?
pouvez-vous?
peuvent-ils?

IMPARFAIT.

pouvais-je?
pouvais-tu?
pouvait-il?
pouvions-nous?
pouviez-vous?
pouvaient-ils?

PASSÉ DÉFINI.

pus-je?
pus-tu?
put-il?
pûmes-nous?
pûtes-vous?
purent-ils?

PASSÉ INDÉFINI.

ai-je pu?
as-tu pu?
a-t-il pu?
avons-nous pu?
avez-vous pu?
ont-ils pu?

QUATRIÈME CONJUGISON.
Verbe écrire.

INDICATIF.

PRÉSENT.

écris-je?
écris-tu?
écrit-elle?
écrivons-nous?
écrivez-vous?
écrivent-elles?

IMPARFAIT.

écrivais-je?
écrivais-tu?
écrivait elle?
écrivious nous?
écriviez-vous?
écrivaient-elles?

PASSÉ DÉFINI.

écrivis-je?
écrivis-tu?
écrivit-elle?
écrivîmes-nous?
écrivîtes-vous?
écrivirent-elles?

PASSÉ INDÉFINI.

ai-je écrit?
as-tu écrit?
a-t-elle écrit?
avons-nous écrit?
avez-vous écrit?
ont-elles écrit?

3.

Verbe passif.

INDICATIF.
PRÉSENT.

suis-je pris?
es-tu pris?
est-il pris?
sommes-nous pris?
êtes-vous pris?
sont-ils pris?

IMPARFAIT.

étais-je pris?
étais-tu pris?
était-il pris?
étions-nous pris?
étiez-vous pris?
étaient-ils pris?

PASSÉ DÉFINI.

fus-je pris?
fus-tu pris?
fut-il pris?
fûmes-nous pris?
fûtes-vous pris?
furent-ils pris?

PASSÉ INDÉFINI.

ai-je été pris?
as-tu été pris?
a-t-il été pris?
avons-nous été pris?
avez-vous été pris?
ont-ils été pris?

Verbe pronominal.

INDICATIF.
PRÉSENT.

me trompé-je?
te trompes-tu?
se trompe-t-elle?
nous trompons-nous?
vous trompez-vous?
se trompent-elles?

IMPARFAIT.

me trompais-je?
te trompais-tu?
se trompait-elle?
nous trompions-nous?
vous trompiez-vous?
se trompaient-elles?

PASSÉ DÉFINI.

me trompai-je?
te trompas-tu?
se trompa t-elle?
nous trompâmes-nous?
vous trompâtes vous?
se trompèrent-elles?

PASSÉ INDÉFINI.

me suis-je trompée?
t'es-tu trompée?
s'est-elle trompée?
nous sommes-nous trompées?
vous êtes-vous trompées?
se sont-elles trompées?

Verbe aspiré.

INDICATIF.

PRÉSENT.

haché-je ?
haches-tu ?
hache-t-it ?
hachons-nous ?
hachez-vous ?
hachent-ils ?

IMPARFAIT.

hachai-jes ?
hachais-tu ?
hachait-il ?
hachions-nous ?
hachiez-vous ?
hachaient-ils ?

PASSÉ DÉFINI.

hachai-je ?
hachas-tu ?
hacha-t-il ?
hachâmes-nous ?
hachâtes-vous ?
hachèrent-ils ?

PASSÉ INDÉFINI.

ai-je haché ?
as-tu haché ?
a-t-il haché ?
avons-nous haché ?
avez-vous haché ?
ont-ils haché ?

Verbe unipersonnel.

INDICATIF.

PRÉSENT.
pleut-il ?

IMPARFAIT.
pleuvait-il ?

PASSÉ DÉFINI.
plut-il ?

PASSÉ INDÉFINI.
a-t-il plu ?

PASSÉ ANTÉRIEUR.
eut-il plu ?

PLUS-QUE-PARFAIT.
avait-il plu ?

FUTUR.
pleuvra-t-il ?

PASSÉ.
aura-t-il plu ?

CONDITIONNEL.

PRÉSENT.
pleuvrait-il ?

PASSÉ.
aurait-il plu ?

On dit aussi :
eût-il plu ?
»
».

CHAPITRE QUATRIÈME.
Orthographe générale des verbes.
1ᵉʳ EXEMPLE.

- Je lui donnai de bons conseils; il ne sut point en profiter.
Tu feras payer cette table à ton frère. Elles parurent très-
satisfaites; elles nous assurèrent qu'elles ne s'attendaient
pas à recevoir un tel cadeau. Vous voulez qu'il ait tort;
nous, nous pensons qu'il a raison. Ce pâtre cherche les
brebis qu'il vient de perdre, il ne peut les retrouver.
Tu venais à moi, cher enfant, et je t'attendais; j'étais
là. Nous voulons que vous partiez à l'instant même; hâtez-
vous de nous obéir. Virgile eut une peur terrible, il ne pouvait
revenir de sa frayeur. Lorsque vous entrâtes, ils avaient
déjà fini de lire la première page.

2ᵉ EXEMPLE.

Il reprend cette place, elle est à lui. Oui, tu peux lire ce
livre; je te le permets, j'en suis le maître, j'en ai le droit.
Elle pend sa cuirasse à l'arbre : toi, Jérôme, fends ce mor-
ceau de bois. Vous voyez que nous nous sommes engagés
dans un mauvais pas; il y a fort à craindre que nous ne
puissions en sortir. Soyez contentes.

On assure qu'elles eussent préféré la mort à cet affront.
Sans lui, Madame, j'eus été perdue; il me sauva la vie,
il peut s'en flatter. Dépêche-toi; pars ce soir, et ne reparais
plus ici. J'attendais toujours que vous en parlassiez, et vous
n'en fîtes rien. Retourne à ta place.

3ᵉ EXEMPLE.

Elles nous disent que nous voyions tous ceux qui se promenaient sur l'eau. On nous soutint que nous avions emporté toutes les figues ; nous, nous répondîmes que c'était faux. Prends cette grammaire, porte-là à ton frère. Je m'avançais tout doucement, je le pris par les cornes, je l'attachai à une colonne.

Enfants, reculez-vous un peu, vous me gênez. Étant comme vous êtes là je ne puis rien faire. Ils nous conduiront d'abord à Paris, ils nous ramèneront ensuite par Versailles. Attendons cette petite, vous voyez qu'elle ne peut pas marcher, qu'elle se repose.

4ᵉ EXEMPLE.

Si on ne vous en eut point empêché, vous eussiez bu tout ce qu'il y avait dans le verre. Tu aperçus les garçons qui écrivaient, Victor entendit les filles qui chantaient. Je ne connais pas la médecine ; si je le traitais, je lui ferais plus de mal que de bien. Vous ne voyiez que ceux qui descendaient, non ceux qui remontaient. On veut absolument que tu aies trompé tes amis. Parlons-lui d'elle.

Faisons-le boire, il a soif, il n'en peut plus parler. J'aurai eu le malheur de perdre ma bourse en venant ici. Sois prudent : ne laisse point voir la juste colère qui t'anime et que je ressens aussi. Ils étaient allés en avant, ils se battaient comme des lions. Avancez ou reculez, faites l'un ou l'autre.

5ᵉ EXEMPLE.

Maintenant, il le comprend; il convient que ce sont elles qui prirent les armes. Je te le répète : tu entends un brave homme; plût à Dieu que tous lui ressemblassent. Sans eux, nous nous serions encore trompés. Daignez les secourir ! Hâtez-vous de les sortir de ce péril où ils se plongent. Elles souhaitaient qu'ils conduisissent Pompée jusqu'à Rome, puis qu'ils revinssent avec Antoine.

Je l'avoue, je m'étais mépris, je me le rappelle à présent. Avançons encore cette pierre; faisons-la rouler jusque dans le fond du trou. Je vous dis qu'elles se sont toutes enallées ; je ne les ai pas revues depuis hier.

6ᵉ EXEMPLE.

Vous, vous désiriez qu'il plût. Théophile souhaitait qu'il tonnât. Oui, pour lui plaire, nous eussions fait de grands sacrifices. J'en suis sûr, si elle revenait nous aurions à redouter sa colère ; car il lui serait impossible de pouvoir nous pardonner l'offense que nous lui avons faite. Je vois que tu le veux absolument; quant à lui, il ne le voudra point, j'ose te l'affirmer d'avance, dès à présent.

Non, c'est faux : vous attendiez qu'elles fussent sorties pour le leur dire. Je rentrais comme il sortait; je n'entendis pas ce que dirent les autres témoins. Si on nous avait donné tout cela, nous aurions été trop heureux. Toi, chantes encore aujourd'hui.

Orthographe générale des verbes interrogatifs.

1er EXMPLE.

Ai-je tiré au milieu du point? Mon coup a-t-il bien porté? Seraient-elles allées jusqu'au pied de la montagne? Eut-il aperçu le plus près de lui? Fûtes-vous prisonnier chez les Romains? Maintenant, chanté-je à ton goût? Trouves-tu que j'ai une belle voix? S'ils se fussent battus, eussent-ils perdu la bataille ce jour-là?

Aura-t-elle une part dans le partage? Passâtes-vous sur le pont de fer? Avaient-ils fini leur travail avant midi? Aima-t-il mieux le vôtre que le mien? Ont-elles été contentes de le retrouver? Entrâmes-nous au bon moment? Eûmes-nous de la chance et du plaisir?

2e EXEMPLE.

Lorsque je partis, où étais-tu? Et lui, que faisait-il? Avez vous vu le prince à la fleur de son âge? lui avez-vous parlé dans ses plus beaux jours? Ces quatre hommes sont-ils partis de bonne heure? Auront-ils pu se rendre à Londres à minuit? Dis-moi, Oreste, tonne-t-il fort? A-t-il plu? Vos filles apprennent-elles à lire? Vont-elles à l'école?

Te battais-tu pour la république? Défendais-tu bien tes droits de citoyen? Aurons-nous été trompés une seconde fois? Le croyez-vous, Seigneur? le pensez-vous? Ces jeunes gens dansent-ils? leur trouves-tu de la tournure? de la grâce? Adélaïde eut-elle du bonheur de ne point rencontrer ce lion? de ne point le voir en fureur?

3ᵉ EXEMPLE.

Où courez-vous, cher Cristophe? où allez-vous? restez u
vous ferez beaucoup mieux. Etaient-ils en face de la reine
entendirent-ils tout ce qu'elle dit à la princesse? Que savez
vous faire, maître Pierre? Savez-vous peindre et chanter?
Cristine se frappe-t-elle toujours le front? pleure-t-elle toujours? Avons-nous mis les pains dans le sac? Eugène les a-t-il
comptés? Serais-je entré dans ce fatal bois sans le savoir?
Ah! s'il en était ainsi, que je m'en voudrais!...

Contre tant d'hommes, que vouliez-vous qu'ils fissent?
Pouvaient-ils se sauver? non, car la chose leur en était impossible. Lise s'est-elle éveillée à onze heures? Rose lui a-t-
elle donné à boire? Que veux-tu que l'on me fasse? je n'ai
rien dit, donc je ne crains rien. Lorsque vous les vîtes, re-
montaient-elles toutes à cheval?

FIN DE CET OUVRAGE.

www.ingramcontent.com/pod-product-compliance
Lightning Source LLC
Chambersburg PA
CBHW070943280326
41934CB00009B/1996